AF542133

CATALOGUE
DES
CURIOSITÉ'S
DU CABINET
DE M. LE MARQ. DE BAUSSET.

LA Vente de cette Collection se fera le Lundi 21 Novembre 1768, & jours suivants, trois heures & demie précise de relevée, rue du Cherche-Midi, dans la Maison de Monsieur de *Montullé*, Conseiller d'Etat, Sécretaire des Commandements de la Reine.

CATALOGUE
D'UNE COLLECTION

De belles Coquilles, Coraux, Madrépores, Criſtalliſations, Incruſtations, Morceaux & Plaques d'Agate Orientale & autres; des Jaſpes, des Cornalines, des Minéraux, des Pétrifications, des Marbres, des Bronzes Indiens, des Porcelaines, des Médailles & Monnoies d'Or, d'Argent & de Bronze, & autres Objets curieux; compoſant le Cabinet de feu Monſieur le Marquis DE BAUSSET, Miniſtre Plénipotentiaire de Sa Majeſté, auprès de l'Impératrice des Ruſſies.

PAR P. REMY.

A PARIS,

Chez VENTE, Libraire, rue & au bas de la Montagne Sainte Genevieve.

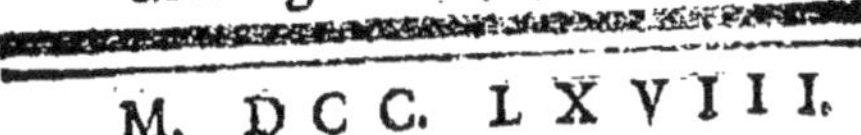

M. DCC. LXVIII.

CATALOGUE DES CURISIOSITÉS,

NATURELLES ET AUTRES EFFETS qui compoſent le Cabinet de feu M. le Marquis de BAUSSET.

POLYPIERS.

1. UN joli arbriſſeau de *Corail rouge*, en forme d'éventail, revêtu de ſon écorce, portant 5 pouces 6 lignes de haut, ſur 4 à 5 pouces de large dans ſon plus grand évaſement, monté ſur un pied de bois des Indes.

2. Un autre Arbriſſeau de même *Corail*, auſſi revêtu de ſon écorce; il porte 8 pouces de haut, ſur 3 pou-

ces 6 lignes de large : sa forme est élégante.

3 Un autre Arbrisseau *Idem*, d'une belle conservation : ce morceau est d'autant plus curieux, qu'il est renversé & tient par quelques-unes de ses branches & par un peu de sa souche, à un morceau d'*Eponge* qui lui sert de pied.

4 Plusieurs *Arbrisseaux* de même *Corail* avec leurs écorces, adhérents à une roche où se trouve des *Tubes vermiculaires*; des *Eponges* & quelques petites *Anomies*.

5 Deux *Autres*, très jolis adhérents aussi à une pareille Roche où l'on remarque des *Lithophytes* & de petits *Œillets* de mer.

6 Plusieurs *Arbrisseaux* de même *Corail*, tenants à une plus petite Roche.

7 Un *Arbrisseau* tenant à une petite Roche ; une de ses branches a été cassée & recolée.

8 Une *Roche* portant plusieurs branches de *Corail rouge*, des *Vermiculaires* & de petits *Madrépores*.

9 Un Arbrisseau de faux *Corail articulé*, gris & blanc ; les articulations sont d'un brun noirâtre : il porte

9 pouces de haut. Un autre *Faux Corail rouge* articulé de 7 pouces ; ils sont tout deux rares & seront vendus séparément.

10 Un autre de l'espece du premier, énoncé à l'article précédent ; il est plus gros & ne porte que 6 pouces de hauteur.

11 Un *Madrépore rameux* de la Méditerranée à étoiles larges & profondes aux extrémités des branches ; sa couleur est rougeâtre : il porte 13 pouces de haut, non compris un pied de bois des Indes sur lequel il est placé.

12 Un autre de même espece que le précédent, qui porte 9 pouces de hauteur, posé aussi sur un pied.

13 Un autre d'Amérique que l'on nomme *Char de Neptune* : il porte 15 pouces de haut, sur 10 de large.

14 Un *Madrépore* en Buisson, espece de *Plantain* de l'Isle de Bourbon ; sa couleur est grise : ce morceau de considération, porte 1 pied de diamêtre.

15 Deux petits *Madrépores blancs* des Indes ; ils portent chacun environ

5 pouces de hauteur, & sont sur des pieds.

16 Un joli *Madrépore à Œillet* de Saint Domingue, d'un beau blanc, sur lequel on remarque une petite Huître feuilletée couleur jonquille & une autre grise.

17 Un *Madrépore* gris à rameaux applatis & fort serrés les uns contre les autres; il porte un pied de haut & vient d'Amérique.

18 Un *Autre* de même espece qui porte 15 pouces de haut.

19 Autre, plus petit.

20 Un autre *Madrepore* de l'espece du précédent, d'un grand volume : un morceau de Rocher lui sert de pied.

21 Autre *Idem*, mais plus petit, posé sur un pied de bois des Indes.

22 Deux *Madrépores* à petites branches, montés aussi sur des pieds.

23 Un très petit *Madrépore* en Buisson couleur lilas : deux *Plantes mousseuses*; une branche de *Corail rouge* revêtue de son écorce; un petit *Rocher* où tient un *Lithophyte*, & plusieurs morceaux de *faux Coraux* articulés.

24 Une très belle *Manchette* de *Neptune*, que l'on a fait tenir sur un Arbrisseau de *Corail blanc oculé* de Saint Domingue, posé sur un pied de bois des Indes.

25 Deux especes de *Madrépores* de la Méditerranée où se trouvent des morceaux de *Manchettes* de *Neptune*, de fins *Lithophytes* & de petits *Coraux*.

26 Un *Autre* de même espece, mais beaucoup plus considérable pour sa grosseur, sur un pied de bois des Indes.

27 Une *Manchette* de *Neptune*, & plusieurs petits *Lithophytes*, le tout tient à un Rocher, & deux autres *Escara* de différentes especes, sur des pieds de bois doré.

28 Un *Madrépore* d'Amérique, sur un pied de bois des Indes.

28 *bis*. Un très gros groupe de *Vermiculaires*, qui ressemble par sa forme à un Madrepore : il est de la Méditerrannée.

29 Un joli *Madrépore* d'Amérique à feuilles serrées, sur un pied de bois des Indes.

30 Deux *Autres*, l'un en forme de *Bois*

de *Daim* de 3 pouces de haut, l'autre à ramification ; ce dernier vient de nos Mers : chacun est sur un pied de bois des Indes.

31 Un *Madrépore* à petites ramifications fort agréables : ce morceau est d'une espece rare ; il porte 7 pouces de hauteur.

32 Une *Branche* de bois chargée d'*Huîtres*, de petits *Madrépores* & de *Lithophytes* fins.

33 Deux *Lithophytes* en forme d'éventail, l'un blanc, l'autre aurore, adhérents chacun à un caillou qui leur sert de pied ; plus, un beau *Keratophyte* à petit rameaux connu sous le nom de *Corail noir*.

34 Deux *Lithophytes*, dont un à grandes ramifications, encroûtés.

35 Un joli *Madrépore* des Indes en forme de choux fleur.

36 Un *Madrépore* de substance légere que l'on nomme Flottant, parcequ'il tient sur l'eau.

37 Un grand & gros *Lithophyte*, revêtu presque entierement de son écorce ; il porte 32 pouces de hauteur : ce morceau ne nous paroît pas commun.

38 Une *Eponge* qui ſe diviſe en quatre colonnes, la plus grande a 10 pouces 6 lignes de hauteur : deux *autres Eponges* d'eſpeces différentes.

39 Une autre eſpece d'*Eponge* en forme d'Arbriſſeaux, adhérent par ſa baſe à un Rocher qui tient des *Madrépores* & des *Vermiculaires*.

40 Une grande *Panache* de *Mer*, adhérente par ſon pied à un Madrépore appellé *Cerveau Marin*, & une autre *Panache* moins large & dépouillée.

41 Deux *autres*, avec cette différence, qu'il n'y a pas de Madrépore à la grande Panache.

42 Deux autres *Panaches* & deux *Lithophytes*.

43 Pluſieurs *Panaches* & *Lithophytes*, que l'on diviſera en pluſieurs articles.

44 Un *Fongipore* de forme oblongue, appellé *Limace* ; elle porte 13 pouces ſur 6 : ſa forme eſt ſinguliere.

45 *Autre* de même eſpece de 12 pouces, ſur 3 pouces ſix lignes.

46 Une *Limace* de même eſpece, mais d'un blanc ſale ; elle porte 11 pouces, ſur 5 pouces.

47 Plusieurs *Champignons* de Mer, des *Cerveaux Marins* & autres *Madrépores*, dont on composera des articles.

COQUILLES UNIVALVES.

48 UN grand & beau *Lépas*, nommé le *Bouclier* : il porte 2 pouces 10 lignes, sur 2 pouces 6 lignes.

49 Le *Bonnêt* de *Dragon*, d'un gros volume.

50 Un très beau *Lépas* couleur de rose, & un petit *Bouclier*, d'un bel Orient.

51 Un joli *Lépas* rayonné de couleur de rose, un brun des Indes, un troisieme rayonné de blanc; il est de nos Mers, & un *Cloporte*.

52 Un beau *Lépas* des Indes, espece de bonnêt fort élevé, & un *Lépas* chambré blanc.

53 Trois *Lépas* de nos Mers, dont un grand blanc dépouillé qui joue l'Opale.

54 Un *Lépas* peu commun, nommé la *Feuille*, & deux autres de nos Mers.

55 Quatre différens *Lépas*, dont celui que l'on nomme *la Gondole*, de 3 pouces 3 lignes.

56 Le *Rubis*, l'*Etoilée*, cinq autres *Lépas* & un *Cloporte*.

57 Dix-neuf *Lépas* de différentes especes.

58 Le *Lépas* chambré, le petit *Cabochon*, &c, en tout vingt-deux.

59 Quatorze différens *Lépas* & un *Cloporte*.

60 Trois différentes *Oreilles* de nos Mers, neuf *Lépas* & un gros *Operculum*.

61 L'*Arrosoir* ou le Pinceau de Mer, de 3 pouces 9 lignes de longueur, & un autre *Tubulaire* qui a 5 pouces 3 lignes.

62 Autre *Arrosoir* de 2 pouces 8 lignes, & 11 autres *Tubulaires* tortillés.

63 Plusieurs Groupes de *Vermiculaires*, sur des *Cœurs*, des *Peignes* & des *Moules*.

64 Un Groupe de *Tubulaires*, & une *Huître* plate feuilletée, ayant pour base un Oursin sur lequel ils se sont formés.

65 Un très gros & beau Monceau de

Tubulaires rouge nommé *Tuyaux d'Orgue*: il vient de la Méditerranée.

66 Un beau *Nautile* épais de 7 pouces de hauteur avec ses couleurs naturelles, & sans être dépouillé.

67 Autre *Nautile* épais de même grandeur, aussi sans être dépouillé.

68 Un *Nautile* dépouillé qui laisse voir une belle Nacre.

69 La même Coquille.

70 Un *Nautile* séparé en deux parties pour montrer l'extérieur, & deux *Burgos* : ces Coquilles sont dépouillées.

71 Un *Nautile papyracé* des Indes, qui a ses deux crochêts ou oreilles ; sa longueur est de 5 pouces 6 lignes.

72 Un autre *Papyracé* avec oreilles aussi des Indes : il porte 4 pouces de longueur.

73 Un *Nautile* papyracé de nos Mers, dont les premiers orbes ont été cassés & raccommodés par l'Animal : il porte 7 pouces, plus, deux fragments de Nautile épais dépouillés.

74 Autre *Papyracé*, de 6 pouces 6 lignes, mal conservé, une très petite de même espece, & deux épais, l'un avec sa robe de la plus vive couleur :

porte 2 pouces 6 lignes, l'autre dépouillé qui porte 15 lignes.

75 Une belle & grosse *Peau de Serpent* rubanée de la plus grande conservation, une *Bouche d'or*, & une *Bouche d'argent*. 5 11

76 Une autre *Peau de Serpent* rubanée, aussi bien conservée, une *Bouche d'argent*, un autre *Limas* dépouillé, un à trois couleurs de l'espece des Burgos, & un à clavicule peu commun. 6

77 Trois *Limaçons*, savoir, un verdâtre à deux rangs de tubercules, un à bouche ronde & stries profondes mêlées de verd, de blanc sale & tachetées de brun ; son bouton est couleur de rose ; une *Peau de Serpent*. 8 1

78 Deux *Limaçons* de l'espece du deuxieme de l'article précédent, variés de couleur, un à petites tuiles, gris fauve tacheté, & un quatrieme de couleur verte, il est poli. 2

79 Deux *Burgos*, l'un à tubercules, l'autre uni. 9 1

80 Quatorze jolis *Limaçons* de différentes especes, dont un rare à petites tubercules avec sa robe. 3

81 Huit *Limaçons*, dont un *Dauphin* 7 5

avec sa robe, un autre dépouillé, une *Peau de Serpent* rubannée, assez bien conservée; un *Grenu verd* tacheté, à bouche double.

82 Un petit *Limaçon*, couleur de lie de vin : un brun avec deux zônes blanches, l'une plus sensible que l'autre : son espece est rare. Et un gros *Limaçon* dépouillé, blanc, de S. Domingue.

83 Huit *Limas*, nommés Rubans: une jolie *Gondole* rubannée & papiracée, &c. en tout 28.

84 Un *Limaçon* terrestre à bouche demi-ronde; le dessus un peu applati, le dessous bombé : il est chargé de stries très fines. Sa couleur est blanche, on peut la regarder comme très rare.

85 Deux autres *Limaçons* terrestres; le plus grand a une dent; le plus petit, peu commun, porte trois dents, & la forme de sa bouche est très singuliere.

86 Deux jolis *Limaçons*, couleur jonquille. Le plus gros est l'unique, l'autre est la contre-unique. Plus une petite *Oreille de Midas* dépouillée.

87 Dix *Limaçons* du genre des Sabots,

dont une *Molette* d'*Eperon*, un *Cadran*, une espece de *Bonnet turc*, & deux *Boutons* de *camisolle*.

88 Neuf *autres*, les mêmes especes que ceux de l'article précédent.

89 Plusieurs *Sabots grenus*, trois *Boutons* de *camisolle*, & autres Limaçons fort jolis, en tout vingt-trois.

90 Deux très beaux *Toits Chinois* d'especes différentes, un Cadran, &c; sept Coquilles.

91 Une *Fripiere* chargée de Cailloux noirs & blancs, deux *Boutons* de *camisolles*, & six différens autres *Sabots*.

92 Une autre *Fripiere*, deux *Toits chinois* différents, & deux autres *Sabots*.

93 Une *Fripiere* chargée de Coquillages & d'un petit Madrépore, plus, deux gros *Culs-de-Lampe* différens pour les couleurs.

94 Cinq Coquilles, un *Limas* terrestre bouche à gauche, il a un petit trou : un *Sabot*, deux *Buccins* peu communs, & un troisieme de la Méditerranée.

95 Quatre différens *Limaçons* terrestres.

96 Cinq *Autres*, dont deux gros de Saint Domingue, de même espece, l'un est avec sa robe, l'autre est dépouillé.

97 Un joli *Limas* terrestre, un autre Papyracée, espece d'*Oreille* de *Midas*, un autre à bouche demie ronde & une *Aveline*.

98 Neuf différens *Limas* terrestres, dont quelques-uns très jolis.

99 Trente-un *Limaçons* de Mer, fluviatiles & terrestres, entr'autres une espece d'*Eperon*, rare, mais mal conservé.

100 Une belle *Turbinitte*, une *Grimace*, une *Mitre*, une *Thiarre* à petits troux, l'*Ivoire* & plusieurs jolis *Buccins*, en tout 16 *Coquilles*.

101 Un *Péroquet*, deux *Veuves*, & deux *Petits Deuils* : ces cinq Coquilles sont d'un beau volume.

102 Deux Buccins nommés *Perdrix rouge*, l'un a son épiderme, l'autre est dépouillé : plus, un gros *Limaçon* terrestre à bouche demie ronde, connu sous le nom de l'*Idole*.

103 Une autre *Idole* avec son épiderme, d'un très gros volume.

104 Deux très gros *Cul-de-lampe*,

dont un dépouillé, & un *Buccin* triangulaire.

105 Une très belle *Oreille* de *Midas*, dépouillée & polie, de 4 pouces, & la *Fausse Oreille*, de même grandeur.

106 Un beau *Limas* de Cayenne, nommé *Asne rayé* & une fausse *Oreille* de *Midas*.

107 Le *Fuseau* blanc & la *Quenouille*, de chacun 5 pouces 9 lignes.

108 Les mêmes Coquilles ; la Quenouille est plus petite.

109 Un *Fuseau* blanc de 6 pouces, & deux belles *Tours* de *Babel*, chacune de 3 pouces 3 lignes.

110 Le *Fuseau* de la rare espece, sa longueur est de 4 pouces 6 lignes ; il n'a point ses dents.

111 Une *Tour* de *Babel*, bien conservée, & neuf autres *Buccins*.

112 Une *Tête* de *Bécasse*, une *Mitre*, le *Dragon* à queue torse, une espece de Fuseau, la Gaufre & deux autres *Buccins*.

113 Huit différens *Buccins*, dont le *Tapis* de *Perse*, deux fuseaux différents.

114 Une *Cordeliere*, un autre *Buccin*

peu commun, & une espece de *Culotte* de *Suisse* à tubercules de la Méditerranée.

115 Cinq autres *Buccins*.

116 Deux très belles *Tulipes* de différentes couleurs; elles portent chacune 6 pouces 6 lignes de longueur.

117 Trois différentes *Tulipes*, une *Perdrix rouge*, avec son épiderme, un *Tapis* de *Perse*, & un *Buccin* de nos Mers.

118 Trois grosses Coquilles qui sont; une *Cordeliere*, un *Brocard* de *Soie*, & un Cornet nommé *Tigre*.

119 Une *Thiare* de 4 pouces 6 lignes, & une *Mitre* de 5 pouces 3 lignes.

120 Neuf différens jolis *Buccins*.

121 Un *Buccin tricoté*, peu commun, l'*Ivoire* & quatre autres; plus, le pareil *Limas terrestre* du N°. 96.

122 *Vingt-six* Coquilles, dont une *Cordeliere*, une *Grimace*, une petite *Tulipe*.

123 Un *Scorpion*, & une *Araignée*.

124 Deux *Araignées* & trois différentes *Ailées*.

125 Deux grandes *Araignée* & quatre *Aîlées*.

126 Quatre *Araignées* & une *Aîlée*.

127 Vingt-six *Aîlées* & un petit *Murex.*

128 Deux *Aîlées*, dont une peu commune.

129 Un gros *Bois veiné*, de la plus riche couleur, il porte 4 pouces 9 lignes.

130 Un *Autre* plus petit, très joli, le fond est blanc de lait; il porte 4 pouces.

131 Un petit *Bois veiné*, le fond couleur de paille, & deux *Musiques*, dont le *Plain chant.*

132 Six différens *Foudres*, deux *Aigrettes* brunes, une *Musique* & un petit *Bois vené.*

133 Une grosse *Aigrette* blanche, une autre brune, un *Murex* à pointes, un petit *Bois veiné*, & une *Musique.*

134 Un *Murex* à dent de Chien, un à pointe, une *Pourpre* rare, une petite *Musique* & deux grands *Foudres.*

135 Dix *Murex*, dont le *Crapaud* à pointe, une *Aigrette* blanche, le *Radix* épais, & un à petites tubercules, qui a sa bouche aurore.

136 Dix-neuf petits *Murex*, dont quatre différens à pointes, & deux à dents de Chien.

137 Trois *Buccins*, l'un nommé la *Figue*, les deux autres à têtes boutonnée, peu communs.

138 deux *Buccins* à tuyaux d'un gros volûme, bien conſervés & peu communs, & deux *Caſques lardés.*

139 Six *Coquilles*, dont un beau *Caſque lardé*, & un *Crapaud* à pointe.

140 Neuf *Coquilles*, du nombre deſquelles ſont une groſſe *Aîlée*, & un gros *Caſque lardé.*

141 Deux *Murex*, un nommé l'Unique ou Bouche à gauche, & la Contre-Unique.

142 Une Couronne d'*Ethiopie marbrée*, de 4 pouces 6 lignes.

143 Une *Couronne d'Ethiopie* & un *Prépuce*, chacune porte 5 pouces.

144 Un *Prépuce* & un beau *Caſque* couronné, des Indes, qui porte 4 pouces.

145 Le même *Caſque* des Indes un peu plus petit, & une *Tonne* nommée la *Perdrix.*

146 Quatre Tonnes & deux Caſques différents.

147 Un joli *Caſque* à côte & à double bord, des Indes, eſpece rare.

148 Deux *Conques perſiques*, dont une polie, deux *Prépuce* & deux *Harpes.*

149 Un *Buccin* peu commun, de la forme du Pavillon d'Orange; il est gravé dans *Rumphius*.

150 L'*Harpa Nobilis*, & une autre *Harpe* en pendants.

151 Trois différens *Casques*, dont un payé & deux *Harpes*.

152 Une grande *Harpe* & une petite, trois *Casques*, dont le *Bézoard*, deux *Tonnes* & deux *Muscades*.

153 Les mêmes Coquilles au nombre de *Neuf*.

154 Une *Musique* aurore, une *Conque persique*, un *Prépuce*, deux *Casques* de la Méditerranée, peu communs, en tout douze Coquilles.

155 *Qatorze Coquilles*, dont une Musique aurore & un Casque pavé.

156 Deux *Figues* d'une même espece mais variées de couleurs, un petit *Radix* papiracée, & deux ***Bulles d'eau*** d'especes différentes.

157 Une belle Pourpre nommée *Bécasse épineuse*, de la rare espece; elle est bien conservée, & porte 4 pouces 6 lignes de longueur.

158 Une autre *Bécasse* aussi de la rare espece, beaucoup plus grosse que la

précédente; sa longeur est de 5 pouces 6 lignes.

159 Une grosse *Bécasse épineuse* de 5 pouces 7 lignes, & deux autre *Pourpres* peu communes, qui viennent de la Méditerranée.

160 Cinq Pourpres, savoir, deux *Bécasses épineuses*, une *Tête* de *Bécasse*, une *Massue* d'*Hercule* à triple rang de pointes, & une *Chicorée.*

161 La grande *Massue* d'*Hercule* des Indes, rare : elle est d'un gros volume & porte 4 pouces 9 lignes de longueur.

162 Sept différentes *Pourpres*, dont deux triangulaires, une grosse *Tête* de *Bécasse* & une *Massue* d'*Hercule.*

163 Une *Patte* de *Crapaud*, trois différentes petites *Chicorées* & trois autres *Pourpres*, dont une à pointe fine, où tient un Madrépore Œillet.

164 Douze petites *Pourpres*, dont une *Bécasse épineuse*, sur laquelle est attaché un petit maron blanc à pointe.

165 Huit *Pourpres*, toutes d'especes différentes, dont quatre Chicorées.

166 Deux *Murex*, l'un bouche à gauche, & l'autre bouche à droite, bien conservées & très riches en couleur.

167 Trois grosses *Pourpres.*

168 Une *Scalata* de 18 lignes de longueur ; sa conservation n'est pas parfaite.

169 Deux *Vis*, qui sont une *Alêne* de 5 pouces 6 lignes, & une *Tigrée* de 4 pouces.

170 Deux autres *Vis* pareilles aux précédentes, avec cette différence, que la Tigrée n'a que 3 pouces 3 lignes de longueur.

171 Une *Alêne* de 3 pouces 8 lignes, une *Tigrée*, une *Flambée*, une grosse *Chenille* marbrée & une *Tariere.*

172 Neuf Vis du nombre desquelles sont une *Cuiller à pot*, une *Alène*, Une *Vis* brune à pointe, un *Maillot.*

173 Trois *Chenilles* & cinq *Vis.*

174 Vingt-deux *Vis*, dont un *Télescope* mal conservé.

175 Un *Télescope* qui porte 3 pouces de longueur.

176 Deux Cornets, l'*Amadis* & le *Faux Amadis*; chacun porte 2 pouces 6 lignes de longueur.

177 Une *Spéculation* de 5 pouces de longueur : ce Cornet n'est pas bien conservé.

178 Deux Cornets en pendants, de

chacun 3 pouces 6 lignes; l'un est une *Spéculation* vive en couleur, l'autre est un *Tigre*.

179 Une *Spéculation*, une très belle *Minime*, le *Navet*, le *Tigre* à bande jaune & une *Hermine*.

180 Deux différens *Tigres* à bandes rougeâtres, de 3 pouces 3 lignes; Un *Damier*, un gros *Navet* & une jolie petite *Hermine*.

181 Deux *Tigres*, dont un à bandes jaunes, deux *Couronnes Impériales*, une *Flamboyante* & deux autres *Cornets*.

182 Dix Cornets qui sont, les *Spectres*, une *Minime* à zône, un *Tigre* à bandes jaune, deux *Damiers* différens, une *Aumusse*, le *Navet*, une *Flamboyante*, & un *Papier marbré*.

183 Cinq jolies Coquilles, savoir, le véritable *Damier* jaune, une *Flamboyante*, le *Navet*, une petite *Tigrée* aurore, & le *Cierge* ou l'*Onix*.

184 *Dix-huit Cornets* de 15 especes, & de différentes grandeurs.

185 Un *Cornet marbré*, de 27 lignes; il est rare & d'un gros volume pour son espece.

186 Une *Fausse Aîle de Papillon* de la

plus grande beauté, elle porte 1 pouces 9 lignes.

187 Une autre *Fausse Aile* de *Papillon*, d'un plus grand volume, & deux *Tigres à bandes jaunes*, d'espece différentes.

188 Une petite *Aîle* de *Papillon* & le *Vice-Amiral* de *Rumphius*.

189 Une *Aîle* de *Papillon*, deux *Draps d'or*, dont un de la Chine très joli, & un *Vice-Amiral* de *Rumphius*.

190 Une *Aîle* de Papillon, & trois différens *Draps d'or*, dont un de la Chine d'une très belle couleur.

191 Une belle *Pelotte* ou *Tinne* de *Beurre*, de 4 pouces.

192 Deux différentes *Tinnes de Beurre*, en pendants de 3 pouces.

193 Un beau & gros *Drap d'or* à zône, une *Olive* de *Panama* & un *Brocard* de *soie* brun.

194 Un *Amiral*, bien conservé & riche en couleur de 19 lignes de longueur.

195 Un autre beau *Cornet* aussi bien conservé, nommé le *Vice-Amiral*.

196 Un *Drap d'or* de la Chine, & deux autres *Draps d'or*, dont un moiré, un *Brocard*, la *Piqûure* de *Mou-*

ches & une petite *Aîle* de *Papillon*.

197 Trois différens *Draps d'or*, l'*Amelette* & quatre autres *Rouleaux*, dont un violet peu commun.

198 Seize Rouleaux qui sont, une *Brunette*, trois *Draps* d'*or*, & deux *Ecorchées*, plus, un Cornet nommé *Tigre*, à bandes jaunes.

199 Un *Drap d'or* de la Chine, de 4 pouces 6 lignes, sa tête a été ajoutée; un *Brocard* & un autre *Drap d'or*.

200 Deux différentes *Brunettes* en pendant, chacune de 3 pouces 10 lignes.

201 Un beau *Brocard de soie*, deux *Draps d'or*, trois *Harpes*, deux *Foudres* & une *Peau* de *Serpent* bien conservée

202 Quatre belles & grandes *Olives*, dont une brune & blanche à zône, & une allongée nommée *Cylindre*.

203 Six autres *Olives*, d'un très beau choix.

204 Neuf autres *Olives*.

205 Douze jolies *Olives*, aussi de choix.

206 Une belle *Olive* à bouche épaisse, peu commune, & *onze* autres.

207 Un *Drap d'or*, un *autre* de la Chine.

ne, & dix-neuf *Olives*, dont deux de *Panama*.

208 Deux Porcelaines, l'une eſt la véritable Arlequine, l'autre eſt la fauſſe.

209 Trois autres qui ſont, la *Géographie*, l'*Argus* & le *Lievre*.

210 Un plus grand *Lievre*, un gros *Œuf*, l'*Argus*, la *Truitée* & une *Porcelaine légere* à bandes.

211 Cinq groſſes *Porcelaines*, ſavoir, l'Œuf, la Tigrée, le Crapaud, les faux Yeux d'Argus & une autre très groſſe.

212 Huit *Autres*, dont trois belles *Tigrées* d'un gros volume.

213 Quinze *Porcelaines* de différentes eſpeces & groſſeurs.

214 Une *Porcelaine légere*, pareille à celle du N°. 210, & *quatorze* autres.

215 Trente moyennes *Porcelaines*, dont les *Yeux* d'*Argus*, la petite *Vérole*, &c.

216 *Vingt-ſept autres*, auſſi très jolies & de choix, parmi leſquelles eſt une *eſpece* de *Navette*.

217 Un grand Buccin nommé l'*Unique*, de 10 pouces 6 lignes de lon-

gueur, & une *Tasse* de *Neptune*, de même grandeur.

218 Une autre grande *Tasse* de *Neptune*, & deux *Tonnes cannelées*.

219 Trois grosses Coquilles, qui sont, une *Araignée* espece de Murex, un grand *Casque triangulaire*, & une *Trompe marine*.

220 Trois *Coquilles* pareilles à celles du Numéro précédent.

221 Un *Casque tricoté*, un *Turban* à levres épaisses, & *un* à levres minces, leurs bouches sont de la plus vive couleur; tous deux d'un gros volume & en pendant.

222 Un gros *Casque triangulaire*, un très gros *Burgos* dans sa couleur naturelle, & un gros Buccin nommé *Conque de Triton*.

223 Deux *Trompes marines*, l'une avec des Tubercules, l'autre sans Tubercules; un *Casque triangulaire*, un *Turban*, & une *Tonne cannelée*.

224 Deux différens Turbans, un joli *Casque* à *Tubercules*, un Murex espece d'*Ailée*, de très belle couleur: elle porte un Gland de mer; une *Tonne cannelée*, & une Chicorée.

225 Un grand *Cornet* blanc, poli, de 5 pouces 6 lignes, une *Tasse* de *Neptune* & deux *Ailées* de différentes couleurs, appellées communément le Plomb.

226 Une grande *Couronne* d'*Ethiopie* à zônes.

227 Huit Limaçons qui sont, un joli *Cordon bleu* dépouillé, un *Mamelon* blanc, une *Grive*, une *Quenotte* saignante, le *Maron rôti*, deux *Pictées*, & *une* à zône.

228 Les mêmes *Limaçons* que ceux de l'article précédent.

229 Huit *Autres*, tous de différentes especes.

230 Neuf *Autres*, dont un petit *Cordon bleu*.

231 Douze jolis *Limaçons*, dont plusieurs *Nérites* de choix.

232 Dix-huit jolies *Nérites*.

233 Dix huit autres, quelques-unes très jolies.

234 Vingt *Nérites* & un *Cordon bleu*, avec son épiderme, sa tête est mutilée.

COQUILLES BIVALVES.

235 UNE très belle *Selle Polonnoise*, de 4 pouces 7 lignes : tout le monde sait que cette Coquille est rare à trouver parfaite.

236 Une autre blanche, nommée la *Vitre Chinoise*, de 3 pouces 9 lignes, & deux morceaux d'une pareille Coquille telle qu'on les emploie à la Chine, une *Cuisse* & une jolie petite *Crête* de *Coq*.

237 Une *Crête* de *Coq*, plus grosse que la précédente, vive en couleur, & un *Gâteau feuilleté*, des Indes : ces deux Huîtres sont un peu endommagées ; plus, une *Cuisse*, à laquelle tiennent deux Huîtres.

238 Une très belle *Huître épineuse*, des Indes, de couleur orangée ; elle tient à un petit Caillou.

239 Une autre *Epineuse*, aussi des Indes, fond blanc, tachetée en zig-zag, de couleur gris de lin.

240 Deux *Autres* des Indes, l'une à épines recourbées, font blanc, tachetée agréablement de gris de lin

sur sa tête ; l'autre est feuilletée & de couleur cramoisi.

241 Une *Huître épineuse*, des Indes, couleur de lie de vin ; elle tient à un morceau de Rocher. | 7

242 Deux *Autres*, l'une couleur de Maron à épines blanches, l'autre aussi à épines blanches, fond blanc, tachetée de gris de lin. | 15 | 1

243 Une *Huitre épineuse* des Indes : elle est couleur de Safran, une *Autre* à épines applaties, tachetée de gris de lin foncé, sur un fond blanc. | 33 | 1

244 Deux *Autres* dont une couleur Aurore ; plus, uue *Feuille*, espece de Crête de Coq, couleur de Lilas. | 7 | 15

245 Une très belle *Huitre* brune à feuille frisée, de l'espece des Grifites, & une petite *Corne d'abondance*. | 18

246 Un Grouppe de deux *Huitres* des grandes Indes, couleur de Lilas & blanches ; elles ont quelques épines. | 9

247 Deux *Huitres* des Indes, dont une épineuse, une *Pelure* d'*Oignon*, & un *Gâteau feuilleté*, gris de lin, de S. Domingue. | 5

248 Deux *Huitres* des Indes deux Grouppes d'*Huitres feuilletées*, de | 6

S. Domingue, & un *Maron épineux*, tenant à une petite bécasse épineuse.

249 Une *Huitre* des Indes, une *Pelure d'Oignon*, un *Gâteau feuilleté*, cramoisi & jaune, attaché à une partie d'Arche de Noé de S. Domingue, & une *Huitre épineuse* du même endroit, tenant à un corail blanc oculé.

250 Une *Huitre épineuse* des Indes : elle est de plusieurs couleurs, & cinq autres *Huitres*.

251 Une très grosse *Huitre épineuse*; de S. Domingue, d'un volume extraordinaire & très riche en couleur.

252 Un Grouppe pyramidal de six *Huitres épineuses* de S Domingue, & un Gâteau feuilleté ; ce morceau est très agréable, & porte 10 pouces de hauteur, non compris un Pied de bois.

253 Un autre Grouppe de *huit Huitres feuilletées*, couleur Lilas, & d'une Citron, avec deux Pholades & une Arche de Noé aussi de S. Domingue, sur un pied de bois noirci.

254 Un Grouppe d'*Huîtres* de S. Domingue, composé de deux Epineuses blanches à grandes pointes, & de

deux très petites, l'une rouge & l'autre couleur Lilas.

255 Une Huître des mêmes parages à épines longues recourbées & à feuilles; sa couleur est variée de brun clair.

256 Une autre *Huitre*, un *Gâteau feuilleté*, tenant à une branche de Corail blanc oculé de S. Domingue, & un Grouppe de deux *Huitres* de Malthe.

257 Une *Huitre* de Malthe, tenant à un *Madrepore astroïte.*

258 Une grosse *Huitre épineuse* de S. Domingue, & *deux* de *Malthe.*

259 Une *autre* de S. Domingue, sur laquelle se sont formés trois Gâteaux feuilletés couleur Lilas; plus, un *Maron épineux* attaché à une Bécasse.

260 Le *Marteau* ou l'*Enclume*, de près de 6 pouces; il est mal conservé.

261 Plusieurs Huîtres épineuses, & autres Coquilles qui seront divisées.

262 Un grand & beau peigne d'Amérique, nommé *Coraline*, de 5 pouces 3 lignes : elle porte une petite Huître épineuse qui s'est formée dessus.

263 Une petite *Solle* & un beau *Manteau Ducal.*

264 Un grand & beau *Manteau Ducal*, de trois couleurs.

265 Un très grand & beau *Peigne de la Chine*, & une *Coraline*.

266 Deux *Limes*, une *Rappe*, un petit *Manteau Ducal*, le *Benitier*, le Peigne ſans oreille, & un autre de S. Domingue.

267 Un *Peigne des Indes*, riche en couleur & peu commun, mais mal conſervé.

268 Un *Benitier*, & pluſieurs autres *Peignes*, au nombre de dix.

269 Quinze autres *Peignes*.

270 Trois grands *Peignes* de la Méditerranée, dont un eſt chargé d'une Huître; plus un *Cœur épineux*, de la même Mer.

271 Deux *Cœurs* de *Bœuf*, l'un épineux, l'autre ſans épines, deux *autres*, dont un voluté poli, quatre Pholades, deux Cames, l'une eſt ridée & porte un Lithophyte, l'autre unie & polie, un Limaçon à bouche ronde chargé de vermiſſeaux & d'un Lithophyte, & des Huîtres feuilletées ſur trois moitiés de cœurs volutés.

272 Deux belles Cames d'un grand

volume, l'une est l'*Ecriture Chinoise*, l'autre la *Came coupée*.

273 Quatre *Cames*, dont une du genre des Ecritures Chinoises, de l'espece rare, une autre qui vient du Cap de Bonne Espérance.

274 La *Cedo nulli*, Bivalve riche en couleur, la *Chagrinée*, & deux *autres* Cames blanches, ondées de plusieurs lignes couleur de rose, polies.

275 Huit différentes *Cames*, dont deux polies & une très belle doublée d'un Papier de la Chine, parceque les Dames de ce Pays en font un Jeu.

276 Trois Cames polies, une petite Ecriture Chinoise, & sept autres Cames.

277 Neuf *Coquilles*, dont une grosse Came de Missisipi, dépouillée & polie.

278 Le *Conca exotica*, bivalve, d'un gros volume & bien conservé; ce qui est fort difficile à trouver, & rend parconséquent cette Coquille précieuse.

278 *Bis*. Cinq *Cœurs*, dont deux épineux, l'un d'Amérique, nommé le Cœur tuilé, riche en couleur & bien conservé; l'autre de la Méditerrannée.

279 Un gros *Cœur voluté*, un *épineux* & trois autres *Cœurs*, tous de la Méditerranée.

280 Cinq autres *Coquilles* de même que les précédentes, mais d'un plus petit volume.

281 Quatorze *Cœurs*, dont un tuilé de la Martinique, & un autre peu commun du Sénégal.

282 Une *Tuilée* assez bien conservée, & un *Chou*.

283 Les *mêmes Coquilles*, un peu plus petites.

284 Un *Cœur* de *Vénus* en *Bateau*, une grosse *Fraise* & trois autres *Cœurs*, dont deux peu communs.

285 Deux différens *Cœurs* de *Vénus*, l'un a des taches couleur de rose ; une *Fraise*, une petite *Tuilée* & six autres *Cœurs*, dont un porte l'*Acetabulum Marinum*.

286 Un gros *Chou* & deux *Cames*.

287 Le *Point* d'*Hongrie*, le *Concha Veneris épineux*, une *Gourgandine*, & *onze* autres Coquilles.

288 *Treize Coquilles*, dans le nombre desquelles se trouvent une Came des Indes, rare avec d'aussi belles couleurs, une Ecriture Chinoise, la

Chagrinée & le Point d'Hongrie.

289 *Neuf autres*, dont la Came en bec de Flûte, une Striée des Indes, un *Concha Veneris* épineux, &c, en tout 10 Coquilles.

290 Vingt deux *Cames*, dont une citronnée polie, une Gourgandine & plusieurs petites Cames coupées.

291 Une petite *Corbeille*, la *Vieille ridée* & huit autres petites *Cames*.

292 Une Telline chagrinée, une Gourgandine, un *Concha Veneris*, en tout *vingt Coquilles*.

293 Huit *Anomies* ou Térébratules de différentes especes, & une moitié de celle qui est brune & de la rare espece.

294 Trois *Tellines*, savoir, une *Langue d'or*, une *Pholade* rayonnée, & la *Pince de Chirurgien*.

295 Une *Telline* violette rayonnée de blanc, & deux autres, dont l'une blanche & l'autre d'un beau rouge, & Citron, nommé *Soleil levant*.

296 Les trois *mêmes Coquilles* & deux autres *Tellines*.

297 Huit différentes *Tellines*, dont un beau Soleil levant.

298 Neuf *Tellines*, dont un Soleil le-

vant, l'Epaulée & une *Olive* alongée.

299 Une belle *Moule* de *Magellan*, montée en argent pour servir de Boîte à poudre : elle porte 4 pouces 9 lignes.

300 Une *Moule* de *Magellan*, de 4 pouces 6 lignes, une autre d'*Alger*, de 4 pouces.

301 Une jolie *Pintade*, l'*Oiseau*, & une *Moule à charniere* polie, peu commune.

302 Une *Pintade*, l'*Oiseau*, une *Moule* d'*Alger*, une petite *Moule* de *Papous*, quatre de Marseille & une *Pholade rayonnée*.

303 Une belle *Came* de Missisipi, dépouillée & polie, & *treize* différentes *Moules*.

304 Un Oiseau, une grande Moule d'*Alger*, & huit *autres*.

305 Une Huître platte nommée la *Cuisse*, l'*Hirondelle*, une grande moule d'Alger, une petite Violette & *dix* autres *Moules*.

306 Une *Pholade* racourcie de nos Mers, une jolie *Moule arborisée* de S. Domingue, une autre à *Queue* de *Paon*, & *treize* autres *Moules*.

307 Une *Pintade* de 4 pouces six li-

gnes, & deux autres moitiés plus grandes, de la même Coquille.

308 Une *Huître épineuse* des Indes, couleur jonquille & blanche, *une* de *Malthe*, trois *moitiés* d'*Huîtres* grouppées ensemble & chargées de petits Madrepores à Œillets, & d'un petit Corail rouge; plus, un beau *Peigne* de *Mahon*.

309 Une *Huître épineuse* blanche & Lilas, des Indes, une de *Malthe*, *trois* petites *Huîtres feuilletées*, gris de lin grouppées sur un Corail blanc oculé de S. Domingue, & un *Peigne* de *Mahon*.

310 Deux *Huîtres épineuses*, dont une de S. Domingue, & un *Peigne* chargé d'une Huître platte, nommée pelure d'Oignon.

311 Trois petits *Jamboneaux*, dont un papiracé couleur de lie de vin, espece rare, & une petite *Moule*.

312 Trois différentes *Pines marines*, deux sont tuilées, la troisieme est nacrée en dedans d'un beau violet; elle vient des Indes.

Coquilles Multivalves.

313 Un bel *Ourſin* à gros bâtons Onix des Indes.

314 Un autre *Ourſin* auſſi de même eſpece que celui du Numéro précédent.

315 Un *autre* à longs bâtons pointus & triangulaires auſſi des grandes Indes.

316 Un *Ourſin* à gros bâton des Indes, un *autre* à baguette de la Méditerranée, & quatre *différens*, dont un petit de forme ovale, peu commun.

317 Deux *Ourſins*, l'un à bâton triangulaire des Indes, & l'autre auſſi à Bâton d'Amérique.

318 Deux différens *Ourſins* à baguette, l'un de la Méditerranée, & l'autre d'Amérique.

319 Neuf *Ourſins* différens.

320 Deux *Ourſins* de la Mer rouge, ſans bâtons, le *Pied* de *Poulin* & neuf autres *Ourſins*.

321 Sept différens *Ourſins*, dont un violet nommé l'Artichaud, du Cap de Bonne-Eſpérance, & un autre à pointes violettes, d'Amérique.

322 Seize *Ourſins*, dont un peu commun, mais dont la conſervation n'eſt pas parfaite.

323 Le Caſque *Turban*, d'un gros volume, une *Araignée*, une groſſe Aîlé appellée le *Plomb*, une *Trompe marine* à Tubercules, deux *Perdrix*, une Porcelaine à bandes, eſpece de *Fauſſe Argus*, & un gros *Buccin* alongé de la Méditerranée.

324 Deux différens *Caſques* en pendans, une petite *Turbinite*, ſept *Porcelaines*, un *Mamelon* blanc, une *Chenille*, deux *Olives* & une *Minime*.

325 Deux Tonnes nommées *Prépuce*, un *Ourſin* ſans Bâton de la Mer rouge, trois *Moules*, dont une groſſe Violette, des *Porcelaines*, &c, en tout vingt-deux Coquilles.

326 Des Pourpres, des Porcelaines, &c, en tout trente-deux Coquilles.

Amphibies, Cruſtacées, Quadrupedes & Bezoards.

327 Deux *Phioles*, l'une renferme un un Lézard épineux, l'autre une Sauterelle ou Mante.

328 Deux autres *Phioles*, l'une contient un grand Scorpion noir des Indes, & l'autre, une Mante pareille à la précédente.

329 Un *Scorpion* blanc dans une petite Phiole, un *Crabe*, les pattes à crête de Coq, le *Poisson Coffre*, un *Cheval marin*, un *Ecaille* de Tortue, & la *Défense* d'un petit Espadon.

330 Deux *Crabes* semblables au précédent, une petite *Corne* de Rhinocéros, quatre *Etoiles* de Mer & six *Pointes* de *Porc-Epic*.

331 Les *Cornes* de *Pazan*, ou Gazelle, du Cap de Bonne-Espérance : elles portent 27 pouces.

332 Une Corne de Rhinocéros de 21 pouces 6 lignes de longueur.

333 Un *Bézoard* de Singe, un autre de Chevre, chacun renfermé dans un Bocal, un de *Cochon*, & deux *Egagropiles*.

Bois Agatisés.

334 Dix Morceaux, dont deux sont polis d'un côté, & un est piqué de Vers.

335 Un Morceau de bois agatisé &

cristalisé, poli d'un côté.

336 Un Morceau de Bois agatisé d'Allemagne, un de Touraine & un de Bois blanc de la Beauce, tous trois polis d'un côté.

337 Trois autres Morceaux de bois agatisés, aussi polis d'un côté.

338 Trois autres.

339 Trois *Idem.*

340 Quatre différens Morceaux de Bois agatisés, dont trois polis d'une face, deux sont piquetés & regardés comme des Madrepores.

341 Trois Plaques de beau Bois agatisés & polies, un Morceau de Bois piqueté qui peut être un Madrepore.

Sels & Résines.

342 Quatre Morceaux de *Sel Gemme*, un d'*Alun* & un Morceau d'*Ambre.*

343 Un gros Morceau d'*Ambre naturel*, & tel qu'on le trouve : cet objet est très estimé.

344 Une *Cuiller*, un *Bec* de *Corbin*, & une *Pomme* de *Canne*, d'Ambre; plus, une petite Corne avec Bouchon d'Ambre.

345 Deux *Tabatieres* d'*Ambre*, dont

une en Cuvette, toutes deux à Charniere d'or & qui ſeront vendues ſéparément.

346 Quinze autres Morceaux d'Ambre & un Médaillon, de même matiere, repréſentant le Buſte de l'Impératrice de Ruſſie.

347 Quatorze Morceaux d'Ambre, dont quelques-uns renferment des Mouches & des Araignées.

347 *Bis*. Une Boîte contenant quarante-un Morceaux d'Ambre, quelques-uns renferment auſſi des Inſectes.

348 Un beau Morceau d'*Ambre gris*, rempli de parties Animales, comme de Bouches de Seches, &c.

Criſtalliſations.

349 Une groſſe Maſſe de *Criſtal* de Madagaſcar.

350 Une plus petite de même Criſtal, & un Groupe tirant ſur l'Amétiſte.

351 Deux Morceaux de mêmes eſpeces que les précédents.

352 Un gros *Canon* de *Criſtal* de Suiſſe, & un Morceau de *Criſtal* de Madagaſcar.

353 Un très grand & beau Morceau

de *Criſtal* de *Roche*, à gros & petits Canons, dont pluſieurs ſe croiſent les uns ſur les autres.

354 Un plus petit Morceau de Criſtal, du Piémont. 24

355 Un autre des Alpes. 7 12

356 Un Grouppe de *Criſtal* à Canon, du Piémont. 6 1

457 Un Beau Morceau de *Spath*, criſtalliſé en forme de Gerbe. 160

358 Un Morceau de *Quartz* criſtalliſé, chargé de quelques Pyrites. 3 5

359 Un *Spath* en *lame* Criſtalliſée d'Allemagne, & un autre dont les Canons cubiques ſont couleur de Topaze, parſemées de Pyrites. 6 5

360 Un Morceau de *Quartz* criſtalliſé pyriteux d'Allemagne, & un autre de *Spath*, en lame. 3

361 Un *Spath* criſtalliſé, de forme exagone, tronqué par la Tête, le deſſous eſt gris criſtalliſé en lame.

362 Un beau Morceau de *Quartz* criſtaliſé & chargé de Pyrites. 15

3 Un *Spath* criſtalliſé de Bourgogne, un autre Cubique couvert de Pyrites, & un *Quartz* criſtalliſé, couvert de Spath. avec 351

364 Un beau Morceau de *Spath* cu- 7 19

bique, de couleur d'Eméraude ; un autre jaune à Canons d'Allemagne, & un Morceau de *Quartz* du Village d'Ars.

365 Un Grouppe de *Cristal brun* à Canon court, du Valais, près des Alpes.

366 Une Grosse Eguille, exagone de *Cristal brun*, & un beau Morceau de *Spath cubique* couleur d'Eméraude.

367 Un petit Grouppe de *Cristal à Canon*, couvert en partie d'un Minéral sulphureux, & un *autre* à Eguilles du Dauphiné.

368 Un *Cristal* de Madagascar, & trois autres Morceaux, dont un de *Prime* d'*Ametiste*.

369 Un Morceau de *Gypse*, une cristalisation de *Prime* d'*Amétiste*, un *Caillou* d'*Egypte* cristallisés entierement, & une Cristallisation avec des Pyrites.

370 Un *Caillou cristallisé* dans son intérieur, un Morceau de *Cristal* à *Eguilles* du Dauphiné, & deux Morceaux de *Quartz* cristallisés différamment.

371 Un beau Morceau de *Cristallisation*, sur Agate rubannée d'Allemagne.

372 Deux *Cailloux*, dont un d'Egypte; ils sont cristalisés dans leur intérieur, un Morceau de *Prime* d'*Amétiste*, un Canon de *Cristal brun*, une *Aiguille* de *Cristal* du Dauphiné, & un Morceau de *Cristallisations* d'Allemagne.

373 Un *Geode* de Champagne, deux *autres* & *onze* petits Morceaux de Cristallisations.

374 Un Morceau de *Cristal* de *Roche*, qui contient plusieurs gouttes d'eau.

375 Deux autres, l'un du Royaume d'Arragon, l'autre en pendeloque, paroît contenir du Bois.

376 Du Minéral soyeux dans un petit Canon de Cristal de Roche, un autre Cristal contenant du Minéral, & une Pendeloque qui rend les couleurs de l'Arc-en-Ciel.

Incrustations, Stalactites, Albâtres, Talcs & Amiantes.

377 Un Nid d'Oiseau dans lequel est un Œuf : ce Morceau d'Incrustation est fort curieux.

378 Une Salactite des environs de Paris, & six Morceaux de Spath,

dont un contient de l'Amiante.

379 Un Morceau de *Spath*, & une Touffe d'*Amiante* de Sibérie, sur une Pierre grise.

380 Neuf Plaques d'*Albâtre*, sept sont de forme quarré long, les deux autres chantournées.

381 Huit autres Plaques, dont cinq mal conservées, & deux Manches de Couteau aussi d'*Albâtre*.

Cailloux & Plaques d'Agate, de Jaspe, & autres Morceaux.

382 Trois différens Morceaux d'*Agate* polis dessus & dessous; ils sont veinés & rubanés, deux sont cristallisés dans leur intérieur.

383 Quatre *autres* Morceaux rubanés, accidentés & cristallisés.

384 Cinq *autres* non cristallisés.

385 Un Bloc d'*Agate rubanné* & poli d'un côté, & un *autre* Morceau ressemblant à de la Pierre à fusil.

386 Deux Plaques d'*Agate noir*, une aussi d'*Agate*, mais mousseuse, deux belles *rubanées*, une *blanche* mouchetée, & quatre échantillons de différens *Jaspe*.

387 Quatre Plaques d'*Agate* de grandeurs différentes, quatre autres de *Jaspe* jaune & rouge, une de *Caillou* de *Rennes*, & une de *Pouainque* d'Angleterre.

388 Treize Plaques & Morceaux d'échantillons d'*Agates*, de *Jaspes* & de *Cailloux*.

389 Quatorze *autres* tous différens.

390 Une Plaque de *Poudingue*, une de *Caillou* de *Rennes*, & douze autres Morceaux de *Jaspe fleuri*, *Jaspe verd*, &c.

391 *Quatorze Morceaux*, dont deux de Jaspe fleuri, trois d'Agate, deux Plaques de Poudingue, & une autre Etoilée de Provence.

392 Trois Plaques de *Cailloux* singuliers, & trois d'*Agates* différentes, dont une Arborisée factice.

393 Une Tabatiere non montée, deux dessous de Tabatiere, trois Cuvettes, une petite Cuiller, une Plaque noir; le tout d'*Agate*, & une petite Cuvette de *Poudingue*, *cassée* en deux morceaux.

394 Deux Cuvettes, dont une a des arborisations, & un dessus de Tabatiere de joli Cailloux d'*Egypte*.

395 Quatre Plaques de même *Cailloux* d'*Egypte*, & deux de Lapis.

396 Neuf Plaques d'*Agate*, dont plusieurs Orientales.

397 Treize petits Morceaux d'échantillons; savoir, trois de *Sardoine*, dont deux chevées, neuf d'*Agates*, & un de *Jaspe sanguin*.

398 Trente-huit grains d'*Agate* de *Jaspe*, *Cornaline*, *Lapis* & *Cailloux* de différentes grosseurs.

399 Une *Agate onix*, six *arborisées*, & une Plaque ronde de *Jaspe*.

400 Six Plaques de *Cornalines*, une *Onix* & six *autres* Morceaux de même matiere.

401 *Trente Sept* petits Boutons d'*Agate*, de *Jaspe*, de *Cornaline*, &c.

402 Un Morceau de *Jadde* taillé en Pierre de Circoncision, & deux *autres* Morceaux.

403 Le Buste en bas-relief de l'Impératrice de Russie, sur *Jaspe sanguin* : ce Morceau a eu un accident ; un Lion sur du *Corail*, & une *Camée* représentant une Femme à mi-corps qui tient un Enfant.

404 Une Plaque de *Prime* d'*Emeraude*, & deux d'*Amétiste*.

405 Caillou de *Sardoine* brut; des *Jacinthes*, des *Turquoises*, des *Améthystes*, &c.

Minéraux.

406 Une petite Mine d'*Or*.

407 Un *Caillou* Martial avec de *l'Or* vierge, une Mine *d'Or*, une autre de *Plomb* & *Argent* de Saxe, & un Morceau d'*Antimoine*.

408 *Six* Morceaux, de *Mine*, dont un avec *Argent vierge*, un de *Cuivre bleu*, & un autre aussi de *Cuivre bleu*, dans une Pierre à Chaux de Sibérie

409 Un curieux Morceau de Mine de *Plomb rouge cristallisée* dans du Quartz, mêlé avec de la Mine de Fer noir; à une extrémité on remarque de la Mine de Cuivre Colombine: les Morceaux de cette nature, se trouvent dans les Mines d'Or de Bwozoska Savoda, à treize Werstes de Catherinbourg.

410 Un Morceau de la même Mine de *Plomb rouge*, énoncé dans l'Article précédent.

411 Autre *idem*, plus petit.

412 Autre Morceau encore plus petit, de la même Mine de *Plomb rouge*; sept *Cristaux* séparés de cette Mine, & une Mine *verte soyeuse*.

413 Treize petites *Mines* de *Plomb rouge* de Catherinbourg, une verte cristallisée, & quatre de *Cuivre*, dont une verte avec des Cristaux de Plomb blanc.

414 Du *Bois métallisé* par du cuivre avec du Fer de montagne, à cinquante Werstes d'Orembourg; un Morceau d'Antimoine fondu; une Mine de Cuivre verte avec des cristaux de Plomb blanc, & sept autres Mines.

415 Du *Bois métallisé* comme le précedent; une Mine de Plomb rouge, différentes Mines de Cuivre & de Fer, en tout neuf Morceaux.

416 Vingt-quatre Morceaux de différentes *Mines*, dont une qui contient du Plomb blanc, & une de Cristaux de Plomb mêlés avec de l'ocre de Schlanberg.

417 Des *Pirites* & différentes *Mines*.

418 Deux belles *Malakites*, dont une en forme de Stalactite.

419 Une autre *Malakite*.

420 Deux *autres*, dont une mêlée avec de la terre d'Ocre. | 50

Pétrifications.

421 Une *Encrinite* à colomne étoilée, ce Morceau n'est pas commun. | 7

422 Des *Scelenites*, *Bélenites* & *Antraques*. | 3

423 Une *Nérite pétrifiée*, dont l'Intérieur est Sardoine, dans un bloc de Coquillages agatifiés, plus une moitié d'*Oursin* agatisé. | 23 | 6

424 Un *Glosopetre* tenant dans une Pierre, un *Corail blanc* oculé, une Huître de l'espece des Crêtes de Cocq, une *Nerite* agatifiée sciée en deux parties, un *Oursin*, un *Rastellum*, une Huître *Grifitte*, une *Nérite* fossile de Champagne, & trois *Crabes* mutilés. | 7 | 6

425 Onze *Oursins* différens, dont un peu commun sur sa matrice de craie, deux Crabes, deux Crêtes de Cocq, & un Groupe de pareilles Coquilles.

426 Une très grosse *Huître* en Crête de Cocq, une grosse *Camme coupée*, chargée de trois Huîtres | 8 | 1

appellées pelures d'Oignon. Ces deux Coquilles sont rares à trouver d'un aussi gros volume; plus un grand Oursin à tête élevée.

427 Une *Camme coupée* de Normandie, une *Nérite* de Champagne, une *Ailée*, deux petites *Crêtes* de *Cocq*, un *Oursin*, une *Griphite* de Bourgogne, & une grosse *Camme* fossile bien conservée.

428 Des *Anomites*, une *Echinite* & plusieurs autres petites Coquilles.

429 Des *Pectinites*, & autres Coquilles dans deux boëtes.

430 Huit Morceaux de *Madrépores*, dont plusieurs nommés œillets, quelques-uns tiennent à du Corail; un Litophyte adhérant à un Madrépore, quatre autres pétrifications, & deux Dents de Requins fossiles.

431 Deux Boëtes de différentes pétrifications & fossiles.

432 Deux autres, *idem*, avec plusieurs Cornes d'Ammon.

433 Une Boëte contenant des Cammes, des Rochers, des Fuseaux, des Chenilles, des Vermiculaires, &c. fossiles.

434 Autre Boëte, *idem*,

435 Une autre Boëte de fossiles.

436 Une Corne d'Ammon métallisée & agatifiée avec arborisation, de Normandie; une autre métallisée, deux Moitiés cristallisées & métallisées d'Allemagne, un petit Caillou avec un peu de Corail rouge, un autre brut, espece de Cornaline blanchâtre, un Morceau de Madrépore & deux de bois, chacun poli d'un côté.

437 Deux Fragments de Cornes d'Ammon cristallisées & métallisées, un Morceau de Madrépore, sept de Bois agatisés, dont un rempli de Grais après avoir été mangé par les vers. Plus une Fongite & une autre Pétrification.

438 Des Madrépores, des Coquilles, des Bois pétrifiés, & des Fossiles qui feront l'objet de plusieurs Articles.

Ardoises & Pierres grises, empreintes & arborisées.

439 Une espece d'Huître avec sa contre partie, un Crabe, & une Fou-

gere minéralisée sur trois Ardoises d'Angers.

440 Deux Ardoises, sur chacune on voit un Hommard.

441 Deux autres, *idem.*

442 Trois Ardoises empreintes d'un assemblage de jeunes Crabes, d'une Fougere minéralisée & d'une feuille aussi minéralisée.

443 Deux Poissons sur deux Ardoises, & un Païsage avec sa contre partie.

444 Trois Ardoises arborisées, & une quatrieme empreinte de Poissons : cette derniere vient de Suisse.

445 Quatre autres arborisées & une parsemée d'Etoiles, qui sont attribuées à une Vapeur d'Arsenic condensée, avec un mélange de parties sulphureuses.

446 Deux Pierres grises, chacune est empreinte d'un Poisson.

447 Trois autres, dont une empreinte de trois Poissons.

Marbres & Incrustations.

448 Un Morceau de Marbre vert antique, une Incrustation d'eau qui

reſſemble à l'Albâtre, un Deſſous de Boëte de Porphyre, & une plaque de Marbre antique.

449 Trois Morceaux de Porphyre, trois de vert antique, deux Incruſtations couleur d'albâtre, & une Pierre Lenticulaire d'Allemagne.

450 Trois Morceaux de Marbre polis d'Italie, & un d'Afrique, taillés en forme de Livre *in*-12. le nom de l'eſpece du Marbre eſt marqué ſur chacun; ils le ſont auſſi à ceux des Articles ci-après.

451 Dix de Marbre d'Italie, format *in*-16.

452 Dix Livres de Marbre étrangers, *in*-16.

453 Dix autres, auſſi *in*-16.

454 Onze de Marbre de Flandre.

455 Onze de différents Marbres d'Italie.

456 Douze autres de Marbre de Flandre.

Plantes Coraloïdes.

457 Onze Cartons ſur leſquelles ſont des Plantes Coraloïdes, plus un petit Cahier renfermant différentes autres Plantes.

Plantes coloriées, & Tableaux Chinois.

458 Douze Cahiers de Plantes, Oiſeaux, &c. chacun compoſé de vingt-quatre Feuilles très proprement coloriées. Il devroit y avoir treize Cahiers, mais la ſeconde livraiſon manque. On connoît cette belle ſuite ſur le nom des Plantes de M. *de Buffon*.

459 Des Plantes & des Oiſeaux peints ſur Glace en la Chine.

460 Deux Chinoiſes ſur Glaces, il y en a une de caſſée.

Bronzes, Indiens & Porcelaines.

461 Le Dieu Vichnou, divinité Indienne, ſur ſon pied d'eſtal, le tout de Bronze Hauteur de 18 pouces.

462 Autre Vichnou avec des attributs différens, auſſi de Bronze ſur ſon pied d'eſtal. Hauteur total douze pouces.

463 Les deux Femmes de Vichnou, aſſiſes, elles ſont en pendants ſur des pieds de Bronze. Hauteur ſept pouces.

464 Une Idole à pluſieurs bras, en Porcelaine blanche du Japon repréſentant ſuivant les Indiens les attributs du Dieu Suprême, elle eſt ſur un pied de même Porcelaine, & porte en tout huit pouces ſix lignes.

465 Une ſeconde Idole à pluſieurs bras ſur un pied d'eſtal mobile avec deux Figures de Bronze, le tout de même Porcelaine.

466 Deux Chinois & une Chinoiſe, en Porcelaine colorée.

467 Deux Femmes Chinoiſes avec chacune un Enfant, & un Homme portant une Chinoiſe.

468 Quatre petits Chinois aſſis, & un Chien de Porcelaine. Deux Figures de Terre de la Chine, dont une branle la tête & la main gauche.

469 Deux Figures faites de Racine de Mandragore.

Médailles, Monnoies, & autres Pieces d'Or, d'Argent, de Bronze & d'Etain.

470 Les douze Signes du Zodiaque, Monnoie des Indes en Argent, d'une très belle conſervation.

471 Cinquante-une pieces de Monnoies des Indes & de Siam en Argent, peſant ſept onzes & demie deux gros, & ſeize copik monnoie de Ruſſie.

472 Cent dix-neuf pieces de Monnoies & Médailles, peſant huit Marcs, ſix onces, trois gros.

473 Soixante-ſix autres, preſques toutes des Princes du Nord, en Argent, du poids de huit marcs, cinq onces, ſix gros.

474 Deux Médailles, l'une de Louis XV, & l'autre d'une Impératrice, en Argent doré, elles peſent un once, ſix gros & demi.

475 Soixante-treize pieces de Monnoies étrangeres, en Or, peſant un marc, cinq onces, un gros.

476 Une Médaille où eſt repréſenté Louis XIII, & au revers Louis XIV, elle peſe un once, un gros.

477 Trente-neuf Médailles de Bronze, dont deux dorées, & une troiſieme argentée.

478 Quatre-vingt-dix-neuf pieces de Monnoies des Indes & pieces Romaines en Bronze.

479 Soixante-deux empreintes en Etain de Princes & différens événements de Russie, on y a joint l'état de ce que représente chaque piece.

APPENDIX.

Pierres Silicieuses.

480 Une Tabatière & une Boëte à Mouche, de beau Caillou d'Egypte, de forme oval, & non montées.

481 Deux autres Boëtes de même Caillou aussi non montées, & une de belle Agate rouge marbrée.

482 Quatre différentes belles Plaques d'Agate à filets, du Duché de Deux-Ponts, & quatre autres de Cailloux d'Egypte.

483 Huit Plaques d'Agate variées, & deux de Caillou d'Egypte.

484 Quatorze Plaques d'Agate veinée & à filets blanc & gris, sur fond brun & rouge, elles sont taillées & polies pour une Tabatiere à deux tabacs.

485 Huit autres Plaques de même Agate, taillées & polies.

486 Deux jolies Plaques d'Agate d'Allemagne, rubannées en zigzag & de forme ovale, propre pour une Tabatiere, & trois autres différentes Plaques.

487 Deux Plaques de belle Agate d'Allemagne criſtalliſée & nuée de rouge.

488 Deux autres Plaques pareilles aux précedentes.

489 Deux Plaques, cinq Cuvetes & un Cercle, de différentes Agates d'Allemagne.

490 Une Plaque d'Agate Orientale, de forme ovale de quinze lignes ſur douze. On y remarque un ſeps de vigne avec ſon échalas, & quelques inſectes.

491 Une autre ronde auſſi Orientale, arboriſée, de douze lignes de diamétre.

492 Deux Plaques d'Agate Orientale à huit pans, taillées pour faire un petit Coffre, elles portent chacune trois pouces quatre lignes, ſur deux pouces onze lignes.

493 Deux autres plus petites & de même forme ; à taches brunes.

494 Deux Ovales à filets & arborisations.

495 Deux, *idem*, à tache & arborisations.

496 Deux Plaques d'Agate Orientale herbée, taillées en ovale.

497 Deux autres à pans, tachetées de noir & de brun.

498 Trois Plaques d'Agate Orientale, une est aurore, les deux autres blanches avec accidens.

499 Deux belles Plaques d'Agate Orientale, dont une aurore.

500 Trois belles Plaques Orientales, savoir, une Sardoine, une Sardonix, & une Agate accidentée.

501 Trois, *idem*.

502 Une Plaque de Sardoine, & deux Sardonix, toutes Orientales.

403 Trois autres, *idem*, aussi Orientales.

504 Deux Plaques & six petites Cuvetes de Sardoine.

505 Une Plaque de Sardoine Orientale, de forme ovale, & douze autres différens Morceaux.

506 Treize Morceaux de Sardoine.

507 Vingt-deux autres.

508 Seize, *idem*, & une Plaque d'Agate Orientale, piquetée & à filets, en ovale.

509 Deux grandes Boëtes, contenant des Coquilles univalves, bivalves & multivalves, qui seront détaillées en plusieurs Articles.

510 Nombre de Tableaux, Originaux de bons Maîtres, nous les attendons de Marseille : ils seront vendus le Samedi 3 Décembre & jours suivants de relevée.

FIN.

Lû & approuvé ce 24 Septembre 1768.

COCHIN.

CABINET

DE FEU

M. LE MARQUIS DE BAUSSET.

Feuille de distribution des Objets, qui seront vendus les jours marqués ci-après.

Le Lundi 21 Novembre 1768.

Nos. 8, 19, 22, 24, partie de 47, 58, 59, 75, 87, 96, 97, 114, 115, 132, 133, 151, 166, 167, 169, 188, 196, 210, 211, 225, 244, 245, 254, 270, 271, 279, 289, 308, 322, 323, 334, 349, 359, 360, 386, 392, 402, 408, 415, 437, partie de 438, 439, 448, partie de 509.

Le Mardi 22 Novembre.

Nos. 7, 20, 21, 23, partie de 47, 56, 57, 76, 88, 98, 99, 113, 116, 118, 134, 135, 152, 165, 170, 187, 189, 197, 209, 212, 226, 243, 246, 255, 269, 272, 280, 290, 307, 309, 321, 324, 335, 350, 361, 362, 385, 393, 407, 416, 435, 436, 440, 449, partie de 509.

D.

Le Mecredi 23 Novembre.

N°s. 6, 18, 25, 26, 44, 55, 60, 73, 77, 89, 100, 101, 112, 117, 119, 136, 137, 153, 164, 171, 186, 190, 198, 208, 213, 227, 242, 247, 256, partie de 261, 268, 273, 281, 291, 306, 310, 320, 325, 336, 342, 351, 363, 364, 384, 394, 406, 417, 433, 434, 441, 450, 480, 481, 482.

Le Jeudi 24 Novembre.

N°s. 5, 17, 27, 28, 45, 54, 63, 74, 78, 90, 102, 111, 120, 121, 138, 139, 154, 163, 172, 185, 191, 199, 207, 214, 228, 241, 248, 257, 260, 267, 274, 282, 292, 305, 311, 319, 326, 337, 343, 352, 365, 366, 383, 395, 412, 418, 431, 432, 442, 451, 483, 484, 485, 486.

Le Vendredi 25 Novembre.

N°s. 4, 16, 28 bis, 29, 53, 61, 71, 79, 91, 103, 104, 110, 122, 123, 140, 141, 155, 162, 173, 184, 192, 200, 206, 215, 229, 240, 249, 258, 266, 275, 283, 293, 294, 304, 312, 318, 327, 338, 344, 353, 367, 368, 382, 396, 411, 419, 429, 430, 443, 452, 487, 488, 489, 490.

Le Samedi 26 Novembre.

Nos. 3, 15, 30, 31, 46, 52, 62, 72, 80, 92, 109, 124, 142, 144, 156, 161, 174, 183, 193, 201, 205, 216, 224, 230, 231, 239, 250, 259, 265, 276, 284, 295, 303, 317, 328, 339, 345, 354, 369, 370, 381, 387, 397, 410, 420, 427, 428, 444, 453, 491, 492, 493, 494.

Le Lundi 28 Novembre.

Nos. 2, 12, 32, 33, 39, 42, 49, 64, 67, 83, 84, 93, 106, 125, 130, 143, 145, 158, 175, 178, 180, 194, 202, 217, 221, 232, 336, 351, 364, 277, 285, 296, 302, 316, 329, 340, 346, 355, 371, 372, 380, 388, 398, 409, 425, 426, 445, 454, 495, 496, 497, 498.

Le Mardi 29 Novembre.

Nos. 1, 14, 34, 35, 40, 50, 65, 68, 81, 94, 107, 126, 146, 147, 160, 176, 182, 204, 218, 223, 233, 237, 252, 263, 278, 286, 297, 301, 315, 330, 341, 347, 356, 373, 374, 379, 389, 399, 403, 404, 413, 423, 424, 446, 455, 499, 500, 501, 502, 503, 504, 505.

Le Jeudi 1 Décembre.

Nos. 9, 13, 36, 37, 41, 51, 69, 82, 95, 108, 127, 128, 131, 148, 149, 159, 168, 177, 179, 181, 195, 203, 219, 222, 234, 238, 253, 262, 278 bis, 287, 298, 300, 314, 331, 347 bis, 357, 375, 376, 378, 390, 400, 405, 414, 421, 422, 447, 456, 506, 507, 508.

Le Vendredi 2 Décembre.

Nos. 10, 11, 38, 43, 48, 66, 85, 86, 105, 129, 150, 157, 220, 235, 288, 299, 313, 332, 335, 348, 358, 377, 391, 401, 457, 458, 459, 460, 461, 462, 463, 464, 465, 466, 467, 468, 469, 470, 471, 472, 473, 474, 475, 476, 477, 478, 479.

Les Tableaux ſeront vendus le Samedi 3 Décembre de relevée & jours ſuivants.

F I N.

www.ingramcontent.com/pod-product-compliance
Lightning Source LLC
LaVergne TN
LVHW020449230826
846091LV00004B/1620
* 9 7 8 2 0 1 3 6 2 0 7 9 6 *